SŁOWA, KTÓRE ZMIENIAJĄ ŻYCIE: ZBIÓR NAJLEPSZYCH CYTATÓW"

Słowa mają ogromną moc. Mogą inspirować, motywować, pobudzać do działania, a nawet zmieniać życie. W tej książce zebraliśmy dla Ciebie najlepsze cytaty, które pochodzą od ludzi, którzy osiągnęli sukces w różnych dziedzinach życia. Od przywódców duchowych po naukowców, przedsiębiorców i artystów, ci ludzie podzielą się z tobą swoją mądrością, która pomoże ci inspirować, motywować i wprowadzać zmiany w twoim życiu.

ROZDZIAŁ 1: INSPIRUJĄCE CYTATY O SUKCESIE

"Nie ma drogi na skróty do żadnego miejsca, do którego warto się udać." - Beverly Sills

"Nie ma nic bardziej demotywującego niż porównywanie się z innymi." - Stephen Richards

"Niewiedza o tym, co jest niemożliwe, jest kluczem do sukcesu." - Daphne du Maurier

"Nie daj się zwyciężyć złu, ale zło dobrem

zwyciężaj." – Św. Paweł Apostoł

ROZDZIAŁ 2: MĄDROŚĆ NA TEMAT MIŁOŚCI I ZWIĄZKÓW

"Najważniejszą rzeczą w życiu są połączenia, które nawiązujemy." - Tom Ford

"Największą miłością jest miłość własna." – Gautama Buddha

"Kochać to nie patrzeć na siebie nawzajem, ale patrzeć razem w tym samym kierunku." – Antoine de Saint-Exupéry

"Miłość jest jedynym skarbem, który wzrasta

wraz z dzieleniem się." – Antoine de Saint-Exupéry

ROZDZIAŁ 3: CYTATY O CELACH ZAWODOWYCH I ŻYCIOWYCH

"Nie ma pracy pod tobą." - Mark Cuban

"Cel bez planu jest tylko życzeniem." - Antoine de Saint-Exupéry

"Ciągłe dążenie do celu jest celem samym w sobie." - Konfucjusz

"Nie budujesz kariery, pracujesz nad nią."

– Anonimowy

ROZDZIAŁ 4: MĄDROŚĆ O ŻYCIU I SAMOREALIZACJI

"Życie nie jest problemem do rozwiązania, ale doświadczeniem, które należy przeżyć." – Søren Kierkegaard

"Nie ma wolności bez odpowiedzialności." - Eleanor Roosevelt

"Nie szukaj szczęścia, stwórz je." - Anonim

"Nic w życiu nie jest pewne oprócz zmiany i śmierci." – Benjamin Franklin

ROZDZIAŁ 5: CYTATY O ODWADZE I STRACHU

"Odwaga to opór wobec strachu, opanowanie strachu - nie brak strachu." – Mark Twain

"Rób jedną rzecz każdego dnia, która cię przeraża." - Eleanor Roosevelt

"Sukces to nie brak strachu, to opanowanie strachu." – Arianna Huffington

"Strach jest zabójcą umysłu." – Frank Herbert

ROZDZIAŁ 6: PRZEZWYCIĘŻANI A SMUTKU I PRZYGNĘBIENIA

"Jeśli zawsze robisz to, co zawsze robiłeś, zawsze będziesz miał to, co zawsze miałeś." - Mark Twain

"Smutki nas przemieniają, ale nigdy nie powinniśmy pozwalać, by nas zniszczyły." - Jane Austen

"Znajdź spokój w tym, co Cię otacza, a także w swoim sercu." - Max Ehrmann

"Czasami musisz przejść przez ciemność, aby dotrzeć do światła." - Albert Einstein

Te cytaty to dopiero początek. Istnieją setki innych inspirujących słów, które pomogą Ci osiągnąć sukces, znaleźć miłość i szczęście oraz znaleźć swoje miejsce w świecie. Wszystko, co musisz zrobić, to zacząć szukać i wziąć sobie te słowa do serca. Pamiętaj, że słowa mają moc i mogą wpływać na twoje życie w pozytywny lub negatywny sposób. Dlatego starannie wybieraj, które słowa wprowadzasz do swojego życia. Zacznij od codziennego czytania i słuchania inspirujących słów. Znajdź swoje ulubione cytaty i umieść je tam, gdzie możesz je zobaczyć każdego dnia - na biurku, lodówce, kalendarzu lub notatniku. Czytaj książki, słuchaj podcastów, oglądaj filmy i wywiady z ludźmi, którzy Cię inspirują. Szukaj motywacji w sobie i nigdy nie przestawaj dążyć do swoich celów. Pamiętaj, że życie jest pełne wyzwań, ale zawsze jest szansa na poprawę. Bądź odważny i nie bój się ryzyka, działaj z determinacją i zdecydowaniem, a na pewno osiągniesz swoje cele. Nie poddawaj się, nawet gdy sprawy wydają się trudne i czujesz się bezradny. Zawsze jest nadzieja, a słowa ludzi, którzy osiągnęli sukces, mogą pomóc ci przetrwać trudne czasy. Odkryj, co jest dla Ciebie ważne i podejmij decyzje, które doprowadzą Cię do spełnienia Twoich marzeń.

ROZDZIAŁ 1: INSPIRUJĄCE CYTATY O SUKCESIE

Sukces to podróż, która wymaga ciężkiej pracy, poświęcenia i wytrwałości. Jest wynikiem konsekwentnego dążenia do pożądanego celu. Niezależnie od tego, czy chodzi o biznes, sport, sztukę czy jakąkolwiek inną dziedzinę, ludzie zawsze dążyli do osiągnięcia sukcesu i osiągnięcia swoich celów. Chociaż definicja sukcesu może się różnić w zależności od osoby, można śmiało powiedzieć, że często wiąże się to z pokonywaniem przeszkód, podejmowaniem ryzyka i poświęceniami. Jednym ze sposobów na znalezienie inspiracji na drodze do sukcesu są cytaty motywacyjne. Te krótkie, mocne stwierdzenia mogą pomóc Ci zachować koncentrację, motywację i motywację. Oferują perspektywę sukcesu, która może pomóc ci pokonać wyzwania i niepowodzenia, przypominając o nagrodach, które czekają na ciebie na końcu podróży. Podczas tej podróży możemy napotykać przeszkody, porażki i niepowodzenia, ale ważne jest, aby iść naprzód z pozytywnym nastawieniem i determinacją. W tym rozdziale zebraliśmy jedne z najlepszych inspirujących cytatów na temat sukcesu od osób odnoszących sukcesy, które osiągnęły wspaniałe rzeczy w swoim życiu. Od przywódców duchowych po naukowców, przedsiębiorców i artystów, osoby te dzielą się swoją mądrością i spostrzeżeniami, które mogą inspirować, motywować i zachęcać nas do realizowania naszych celów i marzeń z pasją i zaangażowaniem. Zanurzmy się więc w te inspirujące cytaty i uzyskajmy cenne spostrzeżenia na temat drogi do sukcesu.

"Nie ma drogi na skróty do

*żadnego miejsca, do którego
warto się udać." - Beverly Sills*

Ten cytat przypomina, że sukces nie przychodzi łatwo i wymaga ciężkiej pracy, poświęcenia i wytrwałości. Wiele osób marzy o osiągnięciu swoich celów i osiągnięciu upragnionego celu, ale często zapominają, że sukces nie jest podróżą z dnia na dzień. Potrzeba czasu, wysiłku i cierpliwości, aby osiągnąć coś wartościowego. Droga do sukcesu jest często pełna przeszkód i wyzwań, a po drodze łatwo jest poczuć się zniechęconym lub poddać się. Jednak cytat Beverly Sills przypomina nam, że sama podróż jest tak samo ważna jak cel. To dzięki trudnościom, które napotykamy, uczymy się i rozwijamy, stając się silniejsi i lepiej przygotowani do radzenia sobie z przyszłymi wyzwaniami. Co więcej, cytat podkreśla znaczenie wytrwałości i pozostania zaangażowanym w nasze cele, nawet gdy sytuacja staje się trudna. Kuszące może być pójście na skróty lub poddanie się w obliczu przeszkód, ale ostatecznie to ciężka praca i determinacja się opłacają. Dążenie do uzyskania dyplomu ukończenia studiów: Nie ma skrótu do uzyskania dyplomu, ponieważ wymaga to lat ciężkiej pracy, nauki i poświęcenia. Jednak nagrody, które przychodzą wraz z dyplomem, takie jak zwiększone możliwości zatrudnienia i wyższy potencjał zarobkowy, sprawiają, że jest to miejsce, do którego warto się udać. Rozpoczęcie działalności gospodarczej: Budowanie udanego biznesu wymaga czasu, wysiłku i wielu prób i błędów. Nie ma skrótu do sukcesu w tej dziedzinie, ale ci, którzy wytrwają i uczą się na swoich błędach, mogą czerpać korzyści ze stabilności finansowej i osobistego spełnienia. Osiągnięcie celu fitness: Niezależnie od tego, czy biegasz w maratonie, czy tracisz na wadze, nie ma łatwego sposobu na osiągnięcie celu fitness. Konsekwentne ćwiczenia, zdrowa dieta i wytrwałość są wymagane, aby osiągnąć postęp. Ale poczucie spełnienia i poprawa zdrowia sprawiają, że podróż jest tego warta.

Podsumowując, cytat Beverly Sills jest potężnym przypomnieniem, że sukces wymaga wysiłku, wytrwałości i poświęcenia. Inspiruje nas do podjęcia podróży, pokonywania wyzwań i pozostania zaangażowanym w nasze cele, wiedząc, że nagroda na końcu drogi będzie tego warta.

"Nic nie jest bardziej demotywujące niż porównywanie się z innymi."
- Stephen Richards

W świecie, w którym media społecznościowe dominują w naszym życiu, łatwo wpaść w pułapkę porównywania się z innymi. Widzimy starannie dobrane bębny naszych przyjaciół, rodziny, a nawet nieznajomych i zaczynamy kwestionować nasze własne osiągnięcia i wartość. Jednak ten cytat Stephena Richardsa przypomina nam, że nie ma nic bardziej demotywującego niż ciągłe porównywanie się z innymi. Kiedy skupiamy się na osiągnięciach innych ludzi, tracimy z oczu własne cele i postępy. Możemy nawet zacząć czuć się nieadekwatni lub gorsi, co może prowadzić do uczucia zniechęcenia i demotywacji. Zamiast porównywać się z innymi, powinniśmy skupić się na własnej podróży i postępie.

Sukces nie jest koncepcją uniwersalną. To,

co można uznać za sukces dla jednej osoby, może nie być takie samo dla innej. Przyjmując nasze unikalne ścieżki i indywidualne osiągnięcia, możemy pozostać zmotywowani i zmotywowani do własnych celów. Jak sugeruje Stephen Richards, ważne jest, aby pamiętać, że wszyscy jesteśmy na własnej drodze i że nasz sukces nie jest definiowany przez osiągnięcia innych osób. Kiedy porównujemy się z innymi, często zapominamy, że każdy ma swoją unikalną podróż i wyzwania. Łatwo wpaść w pułapkę myślenia, że nie jesteśmy wystarczająco dobrzy, gdy widzimy sukces kogoś innego. Jednak sukces nie jest koncepcją uniwersalną, a to, co działa dla jednej osoby, może nie działać dla innej. Zamiast porównywać się z innymi, powinniśmy skupić się na własnym postępie i wzroście. Możemy wyznaczać własne cele i pracować nad ich osiągnięciem na swój własny sposób. W ten sposób możemy mierzyć nasz sukces w oparciu o nasze własne postępy, a nie cudze. Tak więc, następnym razem, gdy porównasz się z innymi, pamiętaj, że sukces nie jest konkurencją. Zamiast tego skup się na własnej podróży i postępach, które robisz w kierunku własnych celów.

Wyobraź sobie, że jesteś pisarzem i pracujesz nad swoją pierwszą powieścią od kilku miesięcy. Jesteś pasjonatem swojej historii i wierzysz, że ma potencjał, aby być świetną. Jednak zaczynasz czuć się zdemotywowany, gdy czytasz o innych pisarzach, którzy osiągnęli sukces w znacznie młodszym wieku lub dzięki swojej debiutanckiej powieści. Zamiast porównywać się z innymi, skup się na własnych postępach i podróży. Świętuj małe zwycięstwa, takie jak ukończenie rozdziału lub otrzymanie pozytywnych opinii od czytelników wersji beta. Pamiętaj, że każdy ma swoją unikalną ścieżkę i czas na sukces, a porównywanie się z innymi tylko utrudnia twój własny postęp. Pozostań wierny swojej pasji i kontynuuj pracę nad swoimi celami, a sukces nastąpi w swoim czasie.

"Niewiedza, co jest niemożliwe, jest kluczem do sukcesu." -

Daphne du Maurier

Cytat Daphne du Maurier podkreśla znaczenie nie bycia ograniczonym przez z góry przyjęte wyobrażenia o tym, co jest możliwe lub niemożliwe. Czasami ograniczamy się, zanim jeszcze spróbujemy, ponieważ zakładamy, że coś jest zbyt trudne lub przekracza nasze możliwości. Jeśli jednak podchodzimy do wyzwań z otwartym umysłem i chęcią spróbowania, możemy być zaskoczeni tym, co możemy osiągnąć. Innowacje często pochodzą od tych, którzy nie akceptują status quo i którzy są gotowi rzucić wyzwanie konwencjonalnej mądrości. Ci, którzy są gotowi podjąć ryzyko i przekroczyć granice, mogą ostatecznie osiągnąć największy sukces. Nie wiedząc, co jest niemożliwe, możemy marzyć o wielkich rzeczach i odkrywać nowe pomysły i możliwości. Ten cytat może być szczególnie inspirujący dla przedsiębiorców, innowatorów i każdego, kto chce wywrzeć znaczący wpływ w swojej dziedzinie. Odmawiając bycia ograniczonym przez to, co inni uważają za niemożliwe, mogą osiągnąć wielkie rzeczy i zmienić świat w sposób, który kiedyś uważano za niewyobrażalny. Co więcej, cytat Daphne du Maurier mówi również o znaczeniu otwartego umysłu i chęci do nauki. Kiedy zakładasz, że coś jest niemożliwe, zamykasz swój umysł na możliwość nauczenia się czegoś nowego. Podchodząc do zadania bez uprzedzeń, możesz być bardziej otwarty na naukę i odkrywanie nowych możliwości, co ostatecznie może doprowadzić do sukcesu. Ogólnie rzecz biorąc, cytat Daphne du Maurier przypomina, że sukces nie zawsze osiąga się podążając za tym, co uważa się za możliwe lub niemożliwe, ale mając odwagę próbować nowych rzeczy i przekraczać z góry przyjęte ograniczenia. Roger Bannister: W 1954 roku Roger Bannister stał się pierwszą osobą, która przebiegła milę w czasie krótszym niż cztery minuty, co w tamtym czasie uważano za niemożliwe. Bannister nie pozwolił, aby przekonanie, że to niemożliwe, powstrzymało go przed próbą, a jego sukces zainspirował niezliczoną liczbę innych do przekraczania tego, co uważali za możliwe. Elon Musk: Elon Musk jest znany ze swoich ambitnych celów, takich jak uczynienie ludzi gatunkiem wieloplanetarnym i zrewolucjonizowanie transportu samochodami elektrycznymi i hyperloopami. Jego zdolność do myślenia na dużą skalę i rozwiązywania pozornie niemożliwych problemów doprowadziła do wielu sukcesów, w tym stworzenia SpaceX i Tesli. J.K. Rowling: J.K. Rowling spotkała się z licznymi odrzuceniami, zanim w końcu opublikowała swoją pierwszą książkę o Harrym Potterze. Nie pozwoliła jednak, aby myśl, że nie można odnieść sukcesu jako pisarka, powstrzymała ją przed realizowaniem swojej pasji. Jej wytrwałość i poświęcenie doprowadziły do powstania jednej z najbardziej udanych serii książek wszechczasów. Malala Yousafzai: Malala Yousafzai jest pakistańską działaczką na rzecz edukacji kobiet, która przeżyła próbę zamachu talibów. Pomimo gróźb dla jej życia, nadal opowiadała się za edukacją dziewcząt i została najmłodszą laureatką Nagrody Nobla. Jej odwaga i determinacja, by osiągnąć to, co wielu uważało za niemożliwe, zainspirowały miliony ludzi na całym świecie. We wszystkich tych przykładach jednostki nie pozwalały, aby powstrzymywało ich przekonanie, że coś jest niemożliwe. Zamiast tego przesunęli się przez ograniczenia i osiągnęli wielki sukces.

*"Nie daj się zwyciężyć złu,
ale zło dobrem zwyciężaj."
– Św. Paweł Apostoł*

Cytat "Nie daj się zwyciężyć złu, ale zło dobrem zwyciężaj" jest słynnym wersetem z Biblii, a konkretnie z Rzymian 12:21. Cytat jest często używany, aby zachęcić ludzi, aby nie pozwolili, aby negatywne doświadczenia lub emocje ich pochłonęły, ale zamiast tego skupili się na pozytywnych działaniach i postawach. Św. Paweł, autor Listu do Rzymian, pisał do wczesnej wspólnoty chrześcijańskiej w Rzymie, która spotykała się z prześladowaniami i dyskryminacją ze strony władz rzymskich. W tym kontekście cytat ten może być postrzegany jako wezwanie do przeciwstawienia się chęci poddania się gniewowi, nienawiści i przemocy, ale zamiast tego do odpowiedzi miłością i przebaczeniem. Przesłanie tego cytatu można zastosować do wielu różnych sytuacji życiowych. W obliczu przeciwności losu lub negatywności ważne jest, aby nie pozwolić im kontrolować naszych myśli i działań. Zamiast tego możemy zdecydować, że będziemy reagować dobrocią, hojnością i współczuciem. W ten sposób możemy pomóc stworzyć lepszy świat i przezwyciężyć negatywne siły, które napotykamy.

Ten cytat ze św. Pawła Apostoła jest potężnym przypomnieniem o znaczeniu reagowania na negatywność pozytywnie. Łatwo jest zostać pochłoniętym przez negatywne emocje i poczuć się przytłoczonym wyzwaniami, które stawia przed nami życie. Jednak ten cytat zachęca nas do wzniesienia się ponad te trudności i wybrania bardziej pozytywnego i współczującego podejścia. Kiedy napotykamy zło lub negatywność na świecie, może być kuszące, aby odpowiedzieć gniewem, frustracją, a nawet nienawiścią. Jednak te negatywne emocje służą jedynie napędzaniu cyklu negatywności i ostatecznie wyrządzają więcej szkody niż pożytku. Zamiast tego św. Paweł zachęca nas, abyśmy reagowali na negatywność dobrocią, empatią i miłością. W ten sposób możemy przerwać cykl negatywności i stworzyć bardziej pozytywny i pokojowy świat. Ten cytat przypomina nam również o sile naszych własnych działań. Chociaż możemy nie być w stanie kontrolować działań innych, możemy kontrolować nasze własne reakcje na nie. Decydując się reagować na negatywność pozytywnością, możemy dokonać prawdziwej zmiany na świecie i pomóc stworzyć lepszą przyszłość dla nas wszystkich. Wybaczanie tym, którzy cię skrzywdzili: Kiedy ktoś nas skrzywdził, naturalne jest, że czujemy złość i urazę. Ale trzymanie się tych negatywnych Uczuc tylko pogarsza sytuację. Decydując się na przebaczenie osobie, która nas skrzywdziła, nie tylko uwalniamy się od ciężaru gniewu, ale także okazujemy drugiemu człowiekowi akt dobroci i miłosierdzia. Przeciwstawienie się nienawiści: W świecie, w którym nienawiść i bigoteria wydają się rosnąć, łatwo jest czuć się przytłoczonym i zniechęconym. Jednak wypowiadając się przeciwko nienawiści i dyskryminacji, wysyłamy sygnał, że takie postawy są nie do przyjęcia. W ten sposób stajemy w obronie tego, co słuszne i dobre. Wykonywanie aktów dobroci: Przypadkowe akty dobroci, bez względu na to, jak małe, mogą mieć efekt falowania, który wykracza daleko poza początkowy akt. Spełniając dobre uczynki dla innych, szerzymy dobro i pozytywne nastawienie oraz inspirujemy innych do tego samego. Wybór miłości zamiast nienawiści: W obliczu trudnej sytuacji lub trudnej osoby może być kuszące, aby odpowiedzieć gniewem i negatywnością. Ale decydując się odpowiedzieć miłością i współczuciem, zwyciężamy zło dobrem i torujemy drogę do uzdrowienia i pojednania. Podsumowując, sukces to podróż, która wymaga ciężkiej pracy, poświęcenia i wytrwałości. Nie jest to coś, co można osiągnąć z dnia na dzień i nie ma skrótów do osiągnięcia swoich celów. Jednakże, pozostając skupionym i zmotywowanym oraz ucząc się od mądrości tych, którzy byli przed nami, możemy osiągnąć postęp w kierunku pożądanych rezultatów. Inspirujące cytaty na temat sukcesu przedstawione w tym rozdziale to tylko mały wybór wielu rad i mądrości, które istnieją na ten temat. Mam nadzieję, że te cytaty dostarczyły zachęty i inspiracji, aby pomóc Ci pozostać zmotywowanym i skupionym na własnej osobistej podróży do sukcesu. Pamiętaj, że sukces to nie tylko osiąganie celów; Chodzi również o podróż, którą podejmujesz, aby się tam dostać, lekcje, których uczysz się po drodze, oraz ludzi, których spotykasz i z którymi się łączysz. Podejmij wyzwania, idź naprzód i nie zapomnij świętować swoich sukcesów po drodze.

ROZDZIAŁ 2: MĄDROŚĆ O MIŁOŚCI I ZWIĄZKACH

Miłość i związki są integralną częścią ludzkiego życia. Niezależnie od tego, czy jest to miłość między partnerami, członkami rodziny czy przyjaciółmi, te relacje mogą przynieść nam radość, spełnienie i cel. Jednak mogą również przynosić ból, rozczarowanie i ból serca. Poruszanie się po związkach i miłości może być trudnym zadaniem. Wymaga zrozumienia, komunikacji, kompromisu i empatii. Dlatego wielu mądrych ludzi w całej historii dzieliło się swoimi spostrzeżeniami na temat miłości i związków.

W tym rozdziale omówimy niektóre z najbardziej inspirujących i prowokujących do myślenia cytatów na temat miłości i związków. Cytaty te pochodzą z wielu źródeł, w tym pisarzy, poetów, filozofów i postaci religijnych. Dostarczają nam mądrości i wskazówek, jak budować i utrzymywać zdrowe relacje, pokonywać wyzwania oraz znajdować szczęście i spełnienie w miłości. Od momentu narodzin szukamy połączeń z innymi i rozwijamy więzi, które mogą trwać przez całe życie. Jednak pomimo znaczenia miłości i związków, mogą one być również jedną z najbardziej złożonych i trudnych części życia. W tym rozdziale zbadamy mądrość i spostrzeżenia z różnych źródeł na temat poruszania się po zawiłościach miłości i związków. Niezależnie od tego, czy jesteś singlem, w nowym związku, czy jesteś żonaty od lat, te cytaty oferują cenne perspektywy na temat tego, jak podejść i utrzymać zdrowe, satysfakcjonujące relacje. Przeanalizujemy cytaty autorów, poetów, filozofów i innych znanych postaci, które dostarczają wskazówek na temat komunikacji, zaufania, przebaczenia i wielu innych aspektów relacji. Te cytaty są nie tylko wnikliwe, ale także inspirujące i mogą pomóc nam zobaczyć nasze relacje w nowym świetle. Zastanawiając się nad mądrością przekazaną w tym rozdziale, możesz uzyskać nowy wgląd w swoje własne relacje i nauczyć się, jak poruszać się po złożoności miłości z wdziękiem, współczuciem i zrozumieniem.

"Najważniejszą rzeczą w życiu są połączenia, które nawiązujemy." - Tom Ford

Cytat Toma Forda podkreśla znaczenie budowania i utrzymywania relacji w życiu. Nasze kontakty z ludźmi mają głęboki wpływ na nasze samopoczucie i sukces, zarówno prywatny, jak i zawodowy. Jeden z przykładów znaczenia połączeń można dostrzec w świecie biznesu. Tworzenie sieci kontaktów i budowanie relacji z klientami, współpracownikami i innymi specjalistami może prowadzić do nowych możliwości i współpracy. Silna sieć połączeń może pomóc otworzyć drzwi do nowych możliwości zatrudnienia, partnerstwa, a nawet mentoringu.

Podobnie w naszym życiu osobistym silne więzi z rodziną i przyjaciółmi mogą zapewnić system wsparcia w trudnych czasach i pomóc nam osiągnąć osobisty rozwój i spełnienie. Badania wykazały również, że silne więzi społeczne mogą poprawić nasze zdrowie psychiczne i fizyczne. Ogólnie rzecz biorąc, cytat Toma Forda służy jako przypomnienie, aby priorytetowo traktować budowanie i pielęgnowanie naszych relacji z innymi jako niezbędny aspekt szczęśliwego i satysfakcjonującego życia. W dzisiejszym dynamicznym i opartym na technologii świecie łatwo jest wciągnąć się we własne życie i zapomnieć o znaczeniu relacji międzyludzkich. Jednak inwestowanie czasu i wysiłku w budowanie i utrzymywanie relacji może prowadzić do szczęśliwszego i bardziej udanego życia. Ważne jest, aby pamiętać, że połączenia nie zawsze muszą odbywać się osobiście. Wraz z rozwojem mediów społecznościowych i innych platform cyfrowych mamy więcej możliwości niż kiedykolwiek, aby nawiązać kontakt z ludźmi z całego świata. Ważne jest jednak, aby upewnić się, że te połączenia są autentyczne i znaczące, a nie tylko powierzchowne. Ostatecznie połączenia, które nawiązujemy przez całe życie, mogą mieć znaczący wpływ na nasz rozwój osobisty i zawodowy. Priorytetowo traktując budowanie i pielęgnowanie tych połączeń, możemy stworzyć silny system wsparcia i osiągnąć sukces we wszystkich dziedzinach naszego życia. Dodatkowo jakość naszych połączeń jest tak samo ważna jak ilość. Nie chodzi tylko o dużą liczbę kontaktów, ale o budowanie głębokich, znaczących relacji opartych na zaufaniu, szacunku i wspólnych wartościach. Tego typu połączenia są tymi, które mogą wytrzymać próbę czasu i naprawdę wzbogacić nasze życie. Co więcej, kontakty, które nawiązujemy, mogą również pomóc nam uczyć się i rozwijać jako jednostki. Otaczając się ludźmi, którzy mają różne pochodzenie, doświadczenia i perspektywy, możemy poszerzyć nasze horyzonty i uzyskać nowy wgląd w otaczający nas świat. Podsumowując, cytat Toma Forda służy jako potężne przypomnienie o znaczeniu więzi międzyludzkich w naszym życiu. Priorytetowo traktując budowanie i utrzymywanie silnych relacji, możemy stworzyć satysfakcjonujące i udane życie dla siebie, jednocześnie wywierając pozytywny wpływ na życie innych.

"Największą miłością jest miłość własna." – Gautama Buddha

Ten cytat Gautama Buddy podkreśla znaczenie miłości własnej i troski o siebie. W buddyzmie miłość własna jest postrzegana jako niezbędna część ścieżki do oświecenia. Budda nauczał, że musimy nauczyć się kochać i akceptować siebie, zanim będziemy mogli naprawdę kochać i akceptować innych. Miłość własna polega na traktowaniu siebie z życzliwością, współczuciem i szacunkiem. Oznacza to uznanie naszej wartości i docenienie własnych potrzeb i pragnień. Kiedy praktykujemy miłość własną, jesteśmy lepiej przygotowani do radzenia sobie z wyzwaniami życia i jesteśmy bardziej skłonni do dokonywania wyborów, które leżą w naszym najlepszym interesie. Jednak miłości własnej nie należy mylić z egoizmem lub narcyzmem. Nie chodzi o stawianie siebie ponad innymi lub zaniedbywanie naszych obowiązków. Zamiast tego chodzi o znalezienie równowagi między troską o siebie a troską o innych. W świecie, który często mówi nam, że nie jesteśmy wystarczająco, uczenie się kochania siebie jest radykalnym aktem samoakceptacji i wzmocnienia. Kiedy kochamy siebie, możemy żyć pełniej i autentycznie i możemy dzielić się tą miłością z innymi w znaczący sposób.

Praktykowanie miłości własnej może mieć również pozytywny wpływ na nasze relacje z innymi. Kiedy kochamy i akceptujemy siebie, jesteśmy bardziej skłonni do wyznaczania zdrowych granic i skutecznego komunikowania naszych potrzeb. Może to prowadzić do bardziej satysfakcjonujących i pełnych szacunku relacji, a także do zmniejszenia stresu i niepokoju. Z drugiej strony, zaniedbywanie miłości własnej może prowadzić do szeregu negatywnych konsekwencji. Może powodować, że angażujemy się w zachowania autodestrukcyjne lub pozostajemy w niezdrowych związkach. Może również prowadzić do poczucia nieadekwatności, niskiej samooceny i depresji. Uczenie się kochania siebie jest podróżą przez całe życie i wymaga praktyki i cierpliwości. Obejmuje rozpoznawanie i kwestionowanie naszego negatywnego mówienia o sobie, priorytetowe traktowanie dbania o siebie i szukanie wsparcia, kiedy go potrzebujemy. Podsumowując, cytat Gautama Buddy podkreśla znaczenie miłości własnej jako podstawy satysfakcjonującego i znaczącego życia. Praktykując miłość własną, możemy kultywować poczucie wewnętrznego spokoju i współczucia, a to z kolei pozytywnie wpływać na otaczający nas świat.

"Kochać to nie patrzeć na siebie nawzajem, ale

patrzeć razem w tym samym kierunku." – Antoine de Saint-Exupéry

Cytat Antoine'a de Saint-Exupéry'ego o miłości podkreśla znaczenie wspólnych celów i wartości w związku. Miłość to nie tylko patrzenie sobie w oczy, ale wspólna praca na rzecz wspólnego celu i kierunku. W romantycznym związku może to oznaczać dzielenie podobnych zainteresowań i aspiracji oraz wspieranie marzeń i ambicji innych. Oznacza to wspólną pracę nad przezwyciężaniem wyzwań i osiąganiem wspólnych celów, a nie tylko skupianie się na sobie nawzajem jako jednostkach. Ten cytat można również zastosować do innych rodzajów relacji, takich jak przyjaźnie, a nawet partnerstwa zawodowe. Ważne jest, aby otaczać się ludźmi, którzy podzielają nasze wartości i wizję, i którzy mogą pomóc nam się rozwijać i osiągać nasze cele. Ostatecznie cytat podkreśla znaczenie współpracy i pracy zespołowej w każdym rodzaju relacji. Kiedy patrzymy razem w tym samym kierunku, możemy osiągnąć wielkie rzeczy i znaleźć prawdziwe spełnienie w naszych związkach z innymi. Ponadto cytat Antoine'a de Saint-Exupéry'ego sugeruje również, że miłość nie jest tylko uczuciem lub emocją, ale działaniem. Chodzi o aktywną pracę na rzecz wspólnej przyszłości i wspólne podejmowanie decyzji. Miłość to nie tylko to, co czujemy do kogoś, ale także to, co robimy dla tej osoby i z nią. Co więcej, ten cytat podkreśla znaczenie poczucia celu w związku. Kiedy mamy wspólny kierunek, pomaga nam to dać poczucie sensu i kierunku w naszym życiu. Może to być szczególnie ważne w trudnych czasach, kiedy możemy potrzebować polegać na naszym wspólnym celu, aby utrzymać koncentrację i motywację. Podsumowując, cytat Antoine'a de Saint-Exupéry'ego zachęca nas do spojrzenia poza powierzchowny poziom relacji i skupienia się na tym, co naprawdę ważne: wspólnej pracy na rzecz wspólnego celu i kierunku. Kiedy to robimy, możemy doświadczyć głębszego poczucia połączenia i spełnienia w naszych relacjach.

"Miłość jest jedynym skarbem, który rośnie wraz z dzieleniem się." – Antoine de Saint-Exupéry

Cytat Antoine'a de Saint-Exupéry'ego o miłości sugeruje, że miłość jest cennym towarem, który faktycznie zyskuje na wartości, gdy jest dzielony z innymi. Miłość, w przeciwieństwie do dóbr materialnych, staje się tym bardziej obfita i wartościowa, im więcej jest rozdawana. Kiedy dzielimy się miłością z innymi, może to mieć efekt falowy, szerząc życzliwość, współczucie i pozytywność w naszych społecznościach. Miłość ma moc inspirowania innych i zbliżania ludzi, niezależnie od dzielących ich różnic. Co więcej, dzielenie się miłością może pogłębić nasze własne doświadczenie jej. Kiedy kochamy innych, jesteśmy bardziej skłonni doświadczyć miłości w zamian, tworząc cykl pozytywności i połączenia. W przeciwieństwie do tego, kiedy gromadzimy miłość lub zachowujemy ją dla siebie, może ona stać się stagnacją i stracić swoją moc. Miłość nie ma być utrzymywana w próżni, ale aby się nią dzielić i rozprzestrzeniać, tworząc poczucie ciepła i połączenia, gdziekolwiek się pojawi. Ostatecznie cytat Antoine'a de Saint-Exupéry'ego podkreśla transformacyjną moc miłości i znaczenie dzielenia się nią z innymi. Miłość ma zdolność wzbogacania naszego życia i zbliżania nas do tych, którzy nas otaczają, i jest skarbem, który zyskuje na wartości, gdy się nim dzieli. Co więcej, cytat Antoine'a de Saint-Exupéry'ego sugeruje również, że miłość nie jest skończonym zasobem, który musi być racjonowany lub chroniony. Zamiast tego miłość jest czymś, co można darmo dać i otrzymać, bez obawy, że się skończy. W rzeczywistości, im więcej dajemy miłości, tym więcej musimy dawać. Miłość jest samoodnawiającym się zasobem, który może się uzupełniać i rozszerzać wykładniczo, ponieważ jest dzielony od jednej osoby do drugiej. Co więcej, dzielenie się miłością może mieć pozytywny wpływ na nasze samopoczucie i szczęście. Badania wykazały, że akty dobroci i miłości mogą poprawić nasz nastrój, zmniejszyć stres i poprawić nasze ogólne samopoczucie. Dlatego dzieląc się miłością z innymi, wzbogacamy nie tylko ich życie, ale także nasze własne. Miłość jest naprawdę skarbem, który rośnie i pomnaża, gdy dzielimy się nim ze światem. Podsumowując, mądrość na temat miłości i związków, którą zbadaliśmy w tym rozdziale, podkreśla znaczenie komunikacji, wrażliwości, zrozumienia i wspólnych wartości w budowaniu silnych i zdrowych relacji. Nauczyliśmy się, że miłość to nie tylko uczucie, ale działanie, a jej utrzymanie wymaga wysiłku i zaangażowania. Widzieliśmy również, że relacje mogą przynosić wielką radość i spełnienie, ale mogą być również trudne i wymagają cierpliwości, przebaczenia i kompromisu. Ucząc się od mądrości tych, którzy byli przed nami i zastanawiając się nad własnymi doświadczeniami, możemy rozwinąć głębsze zrozumienie miłości i relacji oraz zbudować silniejsze więzi z otaczającymi nas ludźmi. Ważne jest, aby pamiętać, że żaden związek nie jest idealny i że wszyscy mamy przestrzeń do rozwoju i poprawy. Podchodząc do relacji z otwartym umysłem i chęcią uczenia się i rozwoju, możemy tworzyć znaczące i satysfakcjonujące połączenia, które trwają całe życie. Ostatecznie kluczem do zdrowych i szczęśliwych relacji jest podejście do nich z życzliwością, empatią i szacunkiem. Traktując naszych partnerów, przyjaciół i członków rodziny z miłością i zrozumieniem, możemy stworzyć świat wypełniony większą pozytywnością, połączeniem i współczuciem.

ROZDZIAŁ 3: CYTATY O CELACH ZAWODOWYCH I ŻYCIOWYCH

W tym rozdziale omówimy różne cytaty, które oferują mądrość i wgląd w wyznaczanie i osiąganie celów, zarówno w życiu osobistym, jak i zawodowym. Od znanych autorów i myślicieli po odnoszących sukcesy liderów biznesu i sportowców, te cytaty zainspirują nas i zmotywują do realizowania naszych pasji i dążenia do doskonałości. Niezależnie od tego, czy chcemy rozwijać naszą karierę, poprawić nasze zdrowie, czy znaleźć większe spełnienie w naszym życiu, te cytaty przypominają nam o znaczeniu wyznaczania jasnych celów, skupienia się i nigdy nie rezygnując z naszych marzeń.

"Nie ma pracy pod tobą." - Mark Cuban

Cytat Marka Cubana przypomina nam, że żadna praca nie jest nieistotna ani poniżej naszych możliwości. Niezależnie od tego, czy dopiero zaczynamy naszą karierę, czy już jesteśmy ugruntowani w naszych dziedzinach, powinniśmy podchodzić do każdego zadania z poczuciem pokory i chęcią uczenia się i rozwoju. Będąc otwartym na podejmowanie każdej pracy, bez względu na to, jak mała lub pozornie nieistotna, możemy zdobyć cenne doświadczenie i umiejętności, które pomogą nam awansować w naszej karierze i osiągnąć nasze cele. Pokazuje również silną etykę pracy i zaangażowanie w doskonałość, co może przynieść nam szacunek i podziw naszych kolegów i przełożonych. Co więcej, przyjmowanie różnych ról i obowiązków może poszerzyć naszą perspektywę i pomóc nam lepiej zrozumieć różne komponenty, które składają się na nasze organizacje lub branże. Może to pozwolić nam stać się bardziej wszechstronnymi i elastycznymi w obliczu zmian i niepewności. Ostatecznie, cytat Marka Cubana podkreśla znaczenie podejścia do naszej pracy z nastawieniem pokory i gotowością do nauki i rozwoju, bez względu na nasz tytuł zawodowy lub stanowisko. W ten sposób możemy zbudować solidne podstawy sukcesu i położyć podwaliny pod osiągnięcie naszych długoterminowych celów. Ponadto cytat Marka Cubana kwestionuje pojęcie uprawnień i zachęca jednostki do przyjęcia silnej etyki pracy. Sugeruje, że sukces nie opiera się wyłącznie na tytułach zawodowych lub prestiżu, ale na wysiłku i poświęceniu włożonym w każde zadanie, bez względu na to, jak służebne lub przyziemne może się wydawać. Ten sposób myślenia może prowadzić do większych możliwości i postępów w karierze, a także poczucia osobistej satysfakcji i spełnienia. Co więcej, podejmowanie zadań, które są postrzegane jako "poniżej nas", może również demonstrować poczucie pracy zespołowej i koleżeństwa w organizacji. Pokazuje chęć wspierania i pomagania innym w osiąganiu ich celów, co prowadzi do bardziej opartego na współpracy i pozytywnego środowiska pracy. Ogólnie rzecz biorąc, cytat Marka Cubana przypomina nam, aby podchodzić do każdej pracy z poczuciem pokory, silną etyką pracy i chęcią uczenia się i rozwoju. W ten sposób możemy osiągnąć większy sukces i satysfakcję w naszej karierze i stać się cennym współpracownikiem naszych organizacji i branż. Przykład cytatu Marka Cubana w akcji można zobaczyć w historii Jeffa Bezosa, założyciela Amazona. Bezos rozpoczął karierę w branży technologicznej jako inżynier oprogramowania w Fitel, startupie telekomunikacyjnym. Pomimo posiadania dyplomu z informatyki i elektrotechniki na Uniwersytecie Princeton, Bezos był gotów podjąć się każdej pracy w firmie, w tym zadań takich jak sprzątanie biur i pełnienie funkcji przedstawiciela obsługi klienta. Gotowość Bezosa do podjęcia tych różnych ról i obowiązków pozwoliła mu lepiej zrozumieć działalność firmy i potrzeby klientów. Ta wiedza okazała się nieoceniona, gdy ostatecznie założył Amazon, ponieważ umożliwiła mu stworzenie podejścia zorientowanego na klienta, które zrewolucjonizowało branżę e-commerce. Historia Bezosa jest świadectwem tego, jak ważne jest podejmowanie każdej pracy, bez względu na to, jak mała lub pozornie nieistotna, w celu zdobycia cennego doświadczenia i umiejętności. Będąc otwartym na naukę i rozwój, możemy nastawić się na sukces w dłuższej perspektywie i osiągnąć nasze cele, tak jak Bezos zrobił to z Amazon.

"Cel bez planu jest tylko życzeniem." - Antoine de Saint-Exupéry

Cytat Antoine'a de Saint-Exupéry'ego podkreśla znaczenie nie tylko posiadania celu, ale także jasnego planu działania, aby go osiągnąć. Samo pragnienie, aby coś się wydarzyło, nie wystarczy; Musimy podjąć świadome kroki w kierunku naszych celów.

Wyznaczanie celów jest ważne, ponieważ daje nam kierunek i cel. Nie wystarczy jednak po prostu określić, co chcemy osiągnąć; Musimy również stworzyć mapę drogową dotyczącą tego, jak to osiągnąć. Obejmuje to rozbicie naszych celów na mniejsze, wykonalne kroki i nakreślenie konkretnych działań, które musimy podjąć, aby osiągnąć każdy krok. Posiadanie planu nie tylko pomaga nam zachować porządek i koncentrację, ale także pozwala nam mierzyć nasze postępy i wprowadzać poprawki po drodze. Pomaga nam zachować odpowiedzialność i motywację oraz zwiększa prawdopodobieństwo, że osiągniemy pożądany rezultat. Ostatecznie cytat Antoine'a de Saint-Exupéry'ego przypomina nam, że posiadanie jasnego planu działania jest niezbędne do przekształcenia naszych celów w rzeczywistość. Podejmując świadome kroki w kierunku naszych aspiracji, możemy stworzyć poczucie celu i spełnienia w naszym życiu oraz osiągnąć sukces w naszych osobistych i zawodowych przedsięwzięciach. Posiadanie planu pomaga nam również zidentyfikować potencjalne przeszkody i wyzwania, które mogą się pojawić i odpowiednio się do nich przygotować. Pozwala nam przewidzieć potencjalne przeszkody i opracować strategie ich pokonywania. Pomaga nam to pozostać na dobrej drodze i nadal czynić postępy w osiąganiu naszych celów, nawet w obliczu niepowodzeń lub nieoczekiwanych wyzwań. Co więcej, posiadanie planu może również pomóc nam w podejmowaniu bardziej świadomych decyzji dotyczących tego, w jaki sposób alokujemy nasz czas, energię i zasoby. Może pomóc nam ustalić priorytety zadań i działań, które są zgodne z naszymi celami i wartościami, i uniknąć odwrócenia uwagi przez rozproszenie uwagi lub konkurencyjne priorytety. Podsumowując, cytat Antoine'a de Saint-Exupéry'ego przypomina, że wyznaczanie celów bez planu jest jak wyruszanie w podróż bez mapy. Chociaż ważne jest, aby mieć na uwadze cel podróży, musimy również wyznaczyć trasę, którą wybierzemy, aby się tam dostać. W ten sposób możemy zwiększyć nasze szanse na sukces i osiągnąć pożądane rezultaty.

Przykład cytatu Antoine'a de Saint-

Exupéry'ego w akcji można zobaczyć w historii Malali Yousafzai, najmłodszej laureatki Nagrody Nobla i orędowniczki edukacji dziewcząt. W wieku 11 lat Malala zaczęła pisać bloga dla BBC o swoim życiu pod rządami talibów w Pakistanie i jej poglądach na edukację dziewcząt. Jej działalność rzecznicza ostatecznie przyniosła jej międzynarodową uwagę i nominację do Pokojowej Nagrody Nobla. Jednak praca rzecznicza Malali nie została osiągnięta wyłącznie poprzez myślenie życzeniowe. Miała jasny cel promowania edukacji dziewcząt i miała plan działania, aby go osiągnąć. Obejmowało to publiczne wypowiadanie się, spotkania ze światowymi przywódcami i ostatecznie założenie Malala Fund, organizacji non-profit, która opowiada się za edukacją dziewcząt. Plan działania Malali pozwolił jej wywrzeć namacalny wpływ na życie dziewcząt na całym świecie, w tym otworzyć szkoły i wspierać inicjatywy edukacyjne. Jej jasne cele i plan działania pomogły jej osiągnąć pożądany rezultat, a ona nadal inspiruje i motywuje innych do pójścia w jej ślady. Historia Malali jest świadectwem tego, jak ważne jest posiadanie jasnego planu działania, aby osiągnąć nasze cele. Dzieląc nasze aspiracje na możliwe do opanowania kroki i nakreślając konkretne działania, możemy stworzyć mapę drogową sukcesu i przekształcić nasze marzenia w rzeczywistość. Historia Malali Yousafzai jest mocnym przykładem tego, jak ważne jest posiadanie jasnego planu osiągnięcia własnych celów. Jej praca rzecznicza rozpoczęła się od prostego posta na blogu, ale wiedziała, że samo pragnienie zmiany nie wystarczy. Miała jasny cel promowania edukacji dziewcząt i opracowała plan działania, aby go osiągnąć. Dzięki swojemu planowi Malala była w stanie publicznie mówić i spotykać się ze światowymi przywódcami, co przyniosło jej międzynarodową uwagę i wsparcie dla jej sprawy. Założyła także Malala Fund, organizację non-profit, która opowiada się za edukacją dziewcząt i wywarła namacalny wpływ na życie dziewcząt na całym świecie. Mając jasny plan działania, Malala była w stanie osiągnąć postęp w kierunku promowania edukacji dziewcząt i nadal inspiruje innych do tego samego. Jej historia służy jako przypomnienie, że cele można osiągnąć poprzez celowe i skoncentrowane działanie, a nie tylko nadzieję na zmianę.

" Nieustanne dążenie do celu jest celem samym w sobie." - Konfucjusz

Cytat Konfucjusza podkreśla znaczenie procesu dążenia do celu, a nie tylko skupiania się na wyniku końcowym. Sugeruje, że podróż do osiągnięcia celu jest równie ważna jak sam cel. Często ludzie skupiają się na osiągnięciu określonego wyniku i postrzegają proces dotarcia do niego jako środek do celu. Jednak cytat Konfucjusza sugeruje, że proces dążenia do celu jest cennym doświadczeniem samym w sobie. Umiejętności i wiedza zdobyte podczas dążenia do celu mogą być tak samo ważne i satysfakcjonujące, jak samo osiągnięcie celu. Dążenie do celu wymaga dyscypliny, wytrwałości i skupienia. Wiąże się to z ustalaniem priorytetów, poświęcaniem i pokonywaniem przeszkód po drodze. Dzięki temu procesowi możemy dowiedzieć się więcej o sobie i naszych umiejętnościach oraz rozwijać umiejętności i cechy, które mogą przynieść nam korzyści w innych obszarach naszego życia. Dodatkowo dążenie do celu może być źródłem motywacji i spełnienia. Poczucie celu i postępu, które pochodzi z pracy nad osiągnięciem celu, może zapewnić poczucie satysfakcji i radości, nawet jeśli cel nie zostanie ostatecznie osiągnięty. Ogólnie rzecz biorąc, cytat Konfucjusza podkreśla wartość podróży do celu i zachęca nas do docenienia procesu realizacji naszych aspiracji. Przypomina nam, aby cieszyć się podróżą i skupić się na chwili obecnej, zamiast zbytnio zajmować się efektem końcowym. Czerpiąc przyjemność z procesu realizacji naszych celów, możemy znaleźć spełnienie i sens w naszym codziennym życiu. Ponadto dążenie do celu może pomóc nam wzrastać i rozwijać się jako jednostki i może prowadzić do poczucia celu i spełnienia. Dlatego powinniśmy dążyć do znalezienia radości i satysfakcji w podróży do naszych celów, a także w końcowym wyniku. Sportowcy, którzy trenują i rywalizują na najwyższym poziomie, często mają na uwadze jeden cel: zdobyć mistrzostwo lub złoty medal. Jednak ciągłe dążenie do tego celu, poprzez codzienne treningi i rywalizację, może być tak samo satysfakcjonujące, jak wygranie ostatecznej nagrody. Weźmy na przykład reżim treningowy sportowców olimpijskich. Każdego dnia poświęcają niezliczone godziny na uprawianie sportu, pracując nad poprawą siły, szybkości i techniki. Po drodze wyznaczają mniejsze cele, takie jak poprawa czasów lub opanowanie nowej umiejętności, a dążenie do tych celów jest tym, co napędza ich do przodu.

Chociaż ostateczny cel, jakim jest zdobycie złotego medalu olimpijskiego, jest niewątpliwie ważny, podróż do tego celu jest równie cenna. Poprzez proces treningu i rywalizacji sportowcy rozwijają odporność, dyscyplinę i wytrzymałość psychiczną. Uczą się radzić sobie z niepowodzeniami i wyzwaniami oraz budują poczucie koleżeństwa z innymi sportowcami. Dla wielu sportowców dążenie do sportu jest podróżą przez całe życie, a ciągłe dążenie do doskonałości jest celem samym w sobie.

Nawet jeśli nie zdobędą mistrzostwa ani medalu, nadal mogą być dumni z postępów, które zrobili i umiejętności, które rozwinęli po drodze.

*"Nie budujesz kariery,
pracujesz nad nią." - Anonim*

Ten cytat podkreśla ideę, że udana kariera nie jest czymś, co dzieje się po prostu przez przypadek, ale raczej wymaga konsekwentnego wysiłku i poświęcenia. Podkreśla znaczenie aktywnej pracy na rzecz budowania kariery, a nie czekania na okazje, które do ciebie przyjdą. Aby zbudować udaną karierę, trzeba być gotowym poświęcić czas i wysiłek, aby rozwinąć niezbędne umiejętności, wiedzę i doświadczenie. Może to obejmować podejmowanie nowych wyzwań, poszukiwanie możliwości uczenia się i poświęcanie dodatkowych godzin na doskonalenie swojego rzemiosła. Budowanie kariery wymaga również pewnego poziomu intencjonalności i skupienia. Musisz mieć jasne zrozumienie swoich celów i priorytetów oraz być gotowym do podejmowania strategicznych decyzji i poświęceń, aby je osiągnąć. Co więcej, budowanie udanej kariery nie jest procesem liniowym, ale raczej takim, który obejmuje wzloty i upadki, niepowodzenia i sukcesy. Wymaga gotowości do uczenia się na błędach i dostosowywania się do zmieniających się okoliczności. Ostatecznie cytat przypomina nam, że budowanie udanej kariery nie jest czymś, co można osiągnąć z dnia na dzień, ale raczej jest procesem, który wymaga konsekwentnego wysiłku, skupienia i poświęcenia w czasie. Przykład tego cytatu w akcji można zobaczyć w karierze Oprah Winfrey. Oprah nie osiągnęła sukcesu w swojej karierze przez przypadek, ale raczej dzięki konsekwentnemu wysiłkowi i ciężkiej pracy. Rozpoczęła karierę jako prezenterka radiowa i stopniowo awansowała, aby zostać gospodarzem telewizyjnego talk show, dyrektorem ds. Mediów i filantropem. Przez całą swoją karierę Oprah wykazała gotowość do poświęcenia czasu i wysiłku na rozwój swoich umiejętności i wiedzy, a także jasne zrozumienie swoich celów i priorytetów. Po drodze musiała również stawić czoła licznym niepowodzeniom i wyzwaniom, ale wytrwała i nadal pracowała nad swoimi celami. Dzięki swojemu poświęceniu i ciężkiej pracy Oprah stała się jedną z najbardziej udanych i wpływowych postaci w branży medialnej oraz wzorem do naśladowania dla tych, którzy aspirują do budowania udanej kariery. Jej kariera jest świadectwem idei, że budowanie udanej kariery jest procesem, który wymaga konsekwentnego wysiłku i poświęcenia w czasie. Podsumowując, cytaty w tym rozdziale przypominają nam, że sukces w naszej pracy i osobistych celach wymaga ciężkiej pracy, planowania i poświęcenia. Nie powinniśmy bać się podjąć żadnej pracy lub zadania, bez względu na to, jak małe lub nieistotne może się wydawać. Powinniśmy wyznaczyć sobie jasne cele i stworzyć plan ich osiągnięcia. Ważne jest również, aby pamiętać, że dążenie do naszych celów jest podróżą i powinniśmy znaleźć radość i spełnienie w tym procesie, a nie tylko w wyniku końcowym. Wreszcie, nie powinniśmy zapominać, że budowanie kariery lub osiąganie naszych celów życiowych nie jest czymś, co dzieje się z dnia na dzień - wymaga konsekwentnego wysiłku i chęci uczenia się i dostosowywania w miarę upływu czasu. Pamiętając o tych cytatach, możemy pozostać zmotywowani i skoncentrowani na naszych celach i nadal czynić postępy w ich realizacji, nawet w obliczu wyzwań i niepowodzeń.

ROZDZIAŁ 4: MĄDROŚĆ O ŻYCIU I SAMOREALIZACJI

Witamy w rozdziale 4 W tym rozdziale zbadamy cytaty, które oferują mądrość na temat życia i samorealizacji. Życie to podróż pełna wzlotów i upadków, a nawigacja często może być trudna. Jednak te cytaty oferują potężne przypomnienia o znaczeniu życia w chwili obecnej, brania odpowiedzialności za nasze działania, tworzenia własnego szczęścia i przyjmowania zmian. Te cytaty mogą pomóc nam znaleźć sens w naszych doświadczeniach, żyć życiem wolności i spełnienia, pielęgnować szczęście w sobie i objąć niepewność życia. Oferują mapę drogową dla samorealizacji i rozwoju osobistego. Zanurzmy się więc w cytaty w tym rozdziale i zbadajmy mądrość, którą oferują. "Życie nie jest problemem do rozwiązania, ale doświadczeniem, które należy przeżyć." – Søren Kierkegaard Ten cytat Sørena Kierkegaarda podkreśla ideę, że życie nie jest po prostu serią przeszkód lub wyzwań, które należy pokonać, ale raczej podróżą, której należy doświadczyć i cieszyć się. Kierkegaard zachęca nas do przyjęcia życia jako wyjątkowej i osobistej podróży oraz do podejścia do niego z ciekawością, zdumieniem i otwartością na nowe doświadczenia. Zamiast nieustannie szukać rozwiązań życiowych problemów, powinniśmy skupić się na życiu chwilą i delektowaniu się pięknem i bogactwem życia. Ten cytat sugeruje również, że nie ma jednego uniwersalnego podejścia do życia i że każda osoba musi znaleźć własną drogę i nadać sobie sens życia. Zamiast próbować dostosować się do norm lub oczekiwań społecznych, powinniśmy starać się żyć autentycznie i zgodnie z naszymi własnymi wartościami i przekonaniami. Filozofia Kierkegaarda zachęca nas do docenienia chwili obecnej i znalezienia sensu i celu w naszych doświadczeniach, zamiast zawsze patrzeć w przyszłość na kolejne wyzwanie lub cel. Zachęca nas do przyjęcia radości i smutków życia jako naturalnej części ludzkiego doświadczenia i do podejścia do każdego dnia z poczuciem zdumienia i wdzięczności. W istocie Kierkegaard przypomina nam, że życie nie polega na rozwiązywaniu wszystkich problemów, ale na podejmowaniu podróży i jak najlepszym wykorzystaniu każdej chwili. Ten cytat zachęca nas również do zmiany perspektywy z postrzegania życia jako serii przeszkód lub wyzwań do pokonania, na postrzeganie go jako okazji do nauki i rozwoju. Kiedy podchodzimy do życia z otwartym umysłem i chęcią uczenia się na naszych doświadczeniach, możemy uzyskać cenne spostrzeżenia i rozwinąć głębsze zrozumienie siebie i otaczającego nas świata. Co więcej, cytat przypomina nam, że życie to nie tylko osiąganie celów lub gromadzenie dóbr, ale także doświadczenia, które mamy po drodze. Zachęca nas do delektowania się małymi chwilami radości, doceniania piękna na świecie i łączenia się z ludźmi i rzeczami, które są dla nas najważniejsze.

Ogólnie rzecz biorąc, cytat Kierkegaarda służy jako przypomnienie, aby żyć pełnią życia, obejmując podróż, a nie tylko koncentrując się na celu. Zachęca nas do bycia obecnym w każdej chwili i do podejścia do życia z poczuciem zdumienia, ciekawości i uznania. Przykład tego cytatu w akcji można zobaczyć w życiu Mahatmy Gandhiego. Gandhi był przywódcą indyjskiego ruchu niepodległościowego i jest powszechnie uważany za jedną z najbardziej wpływowych postaci 20 wieku. Przez całe życie Gandhi był zaangażowany w życie zgodnie ze swoimi wartościami i przekonaniami oraz wywieranie pozytywnego wpływu na otaczający go świat. Traktował życie jako doświadczenie, które należy przeżyć, a nie tylko jako serię problemów do rozwiązania. Podejście Gandhiego do życia charakteryzowało się prostotą, pokorą i głębokim poczuciem celu. Wierzył w siłę oporu bez przemocy i zachęcał innych do znalezienia własnej drogi do zmian społecznych i politycznych. Pomimo licznych wyzwań i niepowodzeń w swoim życiu, w tym uwięzienia i prób zabójstwa, Gandhi pozostał wierny swoim ideałom i kontynuował pracę nad swoimi celami z oddaniem i wytrwałością. Pod wieloma względami życie Gandhiego ucieleśnia ducha cytatu Kierkegaarda. Nie postrzegał życia jako problemu do rozwiązania, ale jako doświadczenie, które należy przeżywać z celem, współczuciem i głębokim poczuciem połączenia z innymi. Żyjąc w ten sposób, Gandhi wywarł głęboki wpływ na świat i zainspirował niezliczoną liczbę innych do zrobienia tego samego.

"Nie ma wolności bez odpowiedzialności." –
Eleanor Roosevelt

Cytat Eleanor Roosevelt "Nie ma wolności bez odpowiedzialności" podkreśla ideę, że wolność i odpowiedzialność są nierozłączne. Aby korzystać z dobrodziejstw wolności, musimy również wziąć odpowiedzialność za nasze działania i konsekwencje, które z nich wynikają. Wolność może oznaczać różne rzeczy dla różnych ludzi, ale ogólnie odnosi się do zdolności do działania i dokonywania wyborów bez zewnętrznych ograniczeń lub ograniczeń. Wolność ta nie jest jednak absolutna i wiąże się z oczekiwaniem, że będziemy z niej korzystać odpowiedzialnie i szanować wolność innych. Odpowiedzialność, z drugiej strony, odnosi się do naszego obowiązku działania w sposób odpowiedzialny i uwzględniający innych. Obejmuje rozpoznanie konsekwencji naszych działań i dokonywanie wyborów, które promują większe dobro. Cytat Eleanor Roosevelt sugeruje, że bez wzięcia odpowiedzialności za nasze działania nasza wolność staje się bez znaczenia. Jeśli nadużywamy naszej wolności, działając nieodpowiedzialnie lub nie zważając na innych, ryzykujemy, że skrzywdzimy siebie i ludzi wokół nas, i możemy stracić wolność, którą cenimy. Przykładem tego może być kontekst jazdy. Kierowcy mają swobodę prowadzenia pojazdu i podróżowania do różnych lokalizacji. Jednak ta wolność wiąże się z obowiązkiem przestrzegania przepisów ruchu drogowego, szacunku dla innych kierowców i pieszych oraz bezpiecznej jazdy. Jeśli kierowca zdecyduje się jeździć lekkomyślnie lub zignorować przepisy ruchu drogowego, nie tylko naraża się na ryzyko, ale także zagraża bezpieczeństwu innych na drodze. W ten sposób odpowiedzialność ma zasadnicze znaczenie dla zapewnienia, aby swoboda kierowania pojazdem była wykonywana w sposób korzystny dla wszystkich. W istocie cytat Eleanor Roosevelt przypomina nam, że wolność i odpowiedzialność są ze sobą powiązane i że musimy wziąć odpowiedzialność za nasze działania, aby czerpać korzyści z wolności. Działając odpowiedzialnie i z troską o innych, możemy zapewnić, że nasza wolność będzie wykorzystywana w sposób, który promuje dobro wspólne i przynosi korzyści całemu społeczeństwu.

"Nie szukaj szczęścia, stwórz je." – Anonim

Ten cytat przypomina nam, że szczęście nie jest czymś, co można znaleźć, szukając go poza sobą. Zamiast tego szczęście jest czymś, co możemy stworzyć dla siebie poprzez nasze myśli, działania i postawy. Zamiast czekać, aż zewnętrzne okoliczności lub ludzie przyniosą nam szczęście, możemy wziąć odpowiedzialność za własne szczęście, kultywując pozytywne emocje i zachowania. Może to obejmować skupianie się na rzeczach, za które jesteśmy wdzięczni, praktykowanie uważności i dbania o siebie, angażowanie się w działania, które przynoszą nam radość i wspieranie pozytywnych relacji z innymi. Tworząc własne szczęście, stajemy się mniej zależni od czynników zewnętrznych dla naszego dobrego samopoczucia i możemy doświadczyć większej odporności i wewnętrznego spokoju. Takie podejście pozwala nam również odgrywać aktywną rolę w kształtowaniu naszego życia i naszych doświadczeń, a nie być biernymi odbiorcami tego, co przynosi nam życie. Ostatecznie cytat zachęca nas do przejęcia kontroli nad własnym szczęściem i aktywnej pracy nad stworzeniem życia, które przynosi nam spełnienie i radość. Przykład tego cytatu w akcji można zobaczyć w życiu Shawna Akora, badacza i mówcy na temat szczęścia. Achor podkreśla, że szczęście nie jest wynikiem zewnętrznych okoliczności, ale raczej wyborem, którego dokonujemy poprzez nasze myśli i działania. Dzięki swoim badaniom Achor odkrył, że małe, celowe zmiany w naszych codziennych nawykach i sposobie myślenia mogą mieć znaczący wpływ na nasz poziom szczęścia i dobrego samopoczucia. Na przykład praktykowanie wdzięczności, skupianie się na naszych mocnych stronach i pielęgnowanie pozytywnych relacji z innymi może przyczynić się do większego szczęścia i zadowolenia z życia. Praca Achora pokazuje, że tworząc własne szczęście poprzez celowe działania, możemy poprawić nasze ogólne samopoczucie i osiągnąć większy sukces w życiu osobistym i zawodowym. Przykład tego cytatu w akcji można zobaczyć w życiu

Shawna Akora, badacza i mówcy na temat szczęścia. Achor podkreśla, że szczęście nie jest wynikiem zewnętrznych okoliczności, ale raczej wyborem, którego dokonujemy poprzez nasze myśli i działania. Dzięki swoim badaniom Achor odkrył, że małe, celowe zmiany w naszych codziennych nawykach i sposobie myślenia mogą mieć znaczący wpływ na nasz poziom szczęścia i dobrego samopoczucia. Na przykład praktykowanie wdzięczności, skupianie się na naszych mocnych stronach i pielęgnowanie pozytywnych relacji z innymi może przyczynić się do większego szczęścia i zadowolenia z życia. Praca Achora pokazuje, że tworząc własne szczęście poprzez celowe działania, możemy poprawić nasze ogólne samopoczucie i osiągnąć większy sukces w życiu osobistym i zawodowym. "Nic w życiu nie jest pewne, z wyjątkiem zmiany i śmierci." – Benjamin Franklin Cytat Benjamina Franklina przypomina nam, że zmiana i śmierć są jedynymi pewnikami w życiu. Chociaż może się to wydawać zniechęcające, zachęca nas również do przyjęcia zmian i jak najlepszego wykorzystania czasu, który mamy. Zmiana może być trudna, ale może również przynieść nowe możliwości i rozwój. Akceptując nieuchronność zmiany i śmierci, możemy żyć pełniej i doceniać chwile, które mamy. Na przykład, jeśli przechodzisz przez trudny okres, taki jak koniec związku lub utrata pracy, łatwo jest poczuć się zablokowanym lub beznadziejnym.

Jeśli jednak przypomnisz sobie cytat Franklina, możesz znaleźć pocieszenie wiedząc, że sytuacja w końcu się zmieni. Zmiana jest nieunikniona, a z czasem możesz znaleźć się w nowym, lepszym miejscu. Podobnie, cytat może być przypomnieniem, aby żyć pełnią życia i doceniać chwile, które masz. Nie odkładaj realizacji marzeń lub spędzania czasu z bliskimi, ponieważ nigdy nie wiesz, kiedy Twój czas dobiegnie końca. Przyjmij zmiany i wykorzystaj każdą okazję, która pojawi się na Twojej drodze.

To kończy rozdział 4 "Słowa, które zmieniają życie: zbiór najlepszych cytatów". Mamy nadzieję, że te cytaty dały ci wgląd w bardziej satysfakcjonujące i znaczące życie. Pamiętaj, aby przyjąć zmiany, wziąć odpowiedzialność za swoje działania, stworzyć własne szczęście i żyć chwilą obecną. Bądź na bieżąco z następnym rozdziałem, w którym omówimy cytaty na temat przywództwa i sukcesu.

ROZDZIAŁ 5: CYTATY O ODWADZE I STRACHU

W rozdziale 5 "Słowa, które zmieniają życie: zbiór najlepszych cytatów" zajmiemy się tematem odwagi i strachu. Strach jest naturalną i instynktowną reakcją na postrzegane niebezpieczeństwo lub zagrożenie, ale może również powstrzymywać nas od dążenia do naszych celów i osiągania naszych marzeń. Odwaga, z drugiej strony, to zdolność do stawienia czoła strachowi i przezwyciężenia go, podejmowania ryzyka i wypychania się poza naszą strefę komfortu. Cytaty w tym rozdziale zainspirują i zmotywują Cię do odwagi w obliczu strachu, do wyjścia ze strefy komfortu i realizowania swoich pasji z odwagą i determinacją.

"Odwaga to opór wobec strachu, opanowanie strachu - nie brak strachu." – Mark Twain

Ten cytat Marka Twaina podkreśla ideę, że odwaga nie jest brakiem strachu, ale raczej zdolnością do stawienia czoła i przezwyciężenia strachu. Odwaga nie polega na byciu nieustraszonym, ale na posiadaniu siły i determinacji, aby przezwyciężyć strach i podjąć działania pomimo niego. Odwaga wymaga od nas stawienia czoła naszym lękom, a nie unikania ich lub ignorowania. Polega na uznaniu naszych lęków i niepokojów, ale odmowie pozwolenia im kontrolować nasze działania lub ograniczać nasz potencjał. Aby opanować strach, musimy być gotowi wyjść poza naszą strefę komfortu i podjąć ryzyko. Może to obejmować próbowanie nowych rzeczy, stawianie czoła trudnym wyzwaniom lub stawanie w obronie tego, w co wierzymy. Wymaga gotowości do bycia wrażliwym, do przyjęcia niepewności i zaufania do własnych umiejętności. Opanowując strach, zyskujemy poczucie pewności siebie i wzmocnienia, które mogą pomóc nam osiągnąć nasze cele i żyć bardziej satysfakcjonującym życiem. Uczymy się, że strach nie jest czymś, czego należy unikać lub czego należy się obawiać, ale raczej okazją do rozwoju i samopoznania. Ogólnie rzecz biorąc, ten cytat zachęca nas do kultywowania odwagi w naszym życiu, stawiając czoła naszym lękom i starając się je pokonać. Przypomina nam, że odwaga nie polega na byciu nieustraszonym, ale na posiadaniu siły i odporności, aby stawić czoła naszym lękom i realizować nasze marzenia pomimo nich. Weźmy pod uwagę kogoś, kto boi się wystąpień publicznych. Mogą odczuwać strach i niepokój, gdy myślą o wygłoszeniu przemówienia przed dużą publicznością. Zdają sobie jednak sprawę, że ten strach powstrzymuje ich przed osiągnięciem celów i postępem w karierze. Aby opanować swój strach, mogą podjąć kroki w celu przygotowania się do przemówienia, takie jak ćwiczenie przed lustrem lub z przyjaciółmi, dokładne zbadanie tematu i wizualizacja pomyślnego wyniku. Mogą również współpracować z trenerem wystąpień publicznych lub terapeutą w celu opracowania strategii radzenia sobie z lękiem. Podejmując te kroki, osoba nie eliminuje strachu przed wystąpieniami publicznymi, ale raczej uczy się opierać i zarządzać nim. Opanowują swój strach, rozwijając umiejętności i pewność siebie, aby wygłosić mowę pomimo strachu. W końcu wygłaszają udane przemówienie i zyskują poczucie spełnienia i dumę ze swojej zdolności do przezwyciężenia strachu.

Rób jedną rzecz każdego dnia, która cię przeraża."
- Eleanor Roosevelt

Ten cytat Eleanor Roosevelt zachęca nas do wyjścia z naszej strefy komfortu i przyjęcia nowych doświadczeń, które początkowo mogą wydawać się onieśmielające. Robiąc codziennie jedną rzecz, która nas przeraża, możemy kultywować odwagę, odporność i poczucie rozwoju osobistego. Na przykład ktoś, kto jest nieśmiały, może rzucić sobie wyzwanie, aby mówić więcej w ustawieniach grupowych, podczas gdy ktoś, kto boi się wysokości, może spróbować skoków na bungee lub wspinaczki. Te doświadczenia mogą być zarówno radosne, jak i nerwowe, ale stawiając czoła naszym lękom i przekraczając nasze granice, możemy uzyskać większe poczucie pewności siebie i spełnienia. Robienie jednej rzeczy każdego dnia, która nas przeraża, zachęca nas również do podejścia do życia z duchem przygody i ciekawości oraz do przyjęcia nieznanego. Pomaga nam uniknąć utknięcia w naszej strefie komfortu i nieustannie stawiać sobie wyzwania, aby uczyć się i rozwijać. Ostatecznie ten cytat przypomina nam, że wzrost i postęp często wymagają podejmowania ryzyka i stawienia czoła naszym lękom. Robiąc codziennie jedną rzecz, która nas przeraża, możemy rozwinąć odwagę i odporność potrzebną do radzenia sobie z wyzwaniami życia i realizowania naszych celów z ufnością. W praktyce robienie jednej rzeczy każdego dnia, która nas przeraża, może przybierać różne formy. Może to oznaczać trudną rozmowę z przyjacielem lub członkiem rodziny, wypróbowanie nowego hobby lub aktywności, która zawsze nas interesowała, lub podjęcie nowego wyzwania w pracy. Przyjmując nowe doświadczenia i stawiając sobie wyzwania w ten sposób, możemy poszerzyć nasze horyzonty, odkryć nowe pasje i mocne strony oraz zyskać większe poczucie pewności siebie i pewności siebie. Nawet jeśli nie zawsze nam się to udaje lub osiągamy pożądane rezultaty, proces próbowania i popychania siebie może być niezwykle satysfakcjonujący i wzmacniający.

*"Sukces to nie brak strachu,
to opanowanie strachu."
– Arianna Huffington*

Ten cytat Arianny Huffington podkreśla, że

sukces nie polega na byciu nieustraszonym, ale raczej na opanowaniu naszych lęków i wykorzystaniu ich jako źródła motywacji do osiągnięcia naszych celów. Strach jest naturalną ludzką emocją, a nawet ludzie odnoszący największe sukcesy doświadczyli strachu i wątpliwości w pewnym momencie swojego życia. Jednak to, jak reagujemy na strach, decyduje o naszym poziomie sukcesu. Opanowanie strachu oznacza uznanie naszych lęków i niepokojów, ale nie pozwalanie im nas sparaliżować lub uniemożliwić nam podjęcie działań w kierunku naszych celów. Wiąże się to z rozwijaniem odwagi i odporności potrzebnej do stawienia czoła naszym lękom i przezwyciężenia ich, nawet gdy czujemy się niepewni lub przytłoczeni. Na przykład osoba, która boi się wystąpień publicznych, może nadal wygłaszać przemówienie przed dużą publicznością, ale pracowała nad opanowaniem swojego strachu poprzez przygotowanie, praktykę i pozytywną rozmowę z samym sobą. W ten sposób osiągnęli poziom sukcesu, który mógłby nie być możliwy, gdyby pozwolili, aby ich strach ich kontrolował. Ostatecznie ten cytat przypomina nam, że sukces nie jest celem, ale podróżą, która wymaga stawienia czoła i przezwyciężenia naszych lęków po drodze. Opanowując nasze lęki, możemy zyskać większe poczucie pewności siebie, odporności i rozwoju osobistego, które mogą pomóc nam osiągnąć sukces we wszystkich obszarach naszego życia. Wyobraź sobie osobę, która chce założyć własną firmę, ale jest powstrzymywana przez strach przed porażką. Mogą czuć, że nie są gotowi, brakuje im niezbędnych umiejętności lub martwią się, że zostaną ocenieni przez innych, jeśli im się nie uda. Obawy te mogą uniemożliwić im nawet rozpoczęcie działalności lub spowodować, że będą się wahać i podejmować ostrożne decyzje, które ograniczają ich potencjał wzrostu. Jeśli jednak przyjmą ideę, że sukces nie jest brakiem strachu, ale opanowaniem strachu, mogą przyjąć inne podejście. Mogą uznać, że strach jest naturalną częścią procesu i że każdy doświadcza go do pewnego stopnia. Zamiast pozwolić, aby ich lęki ich powstrzymywały, mogą pracować nad ich opanowaniem, opracowując plan, szukając wskazówek od mentorów lub ekspertów i podejmując małe kroki, aby zbudować swoją pewność siebie. Dzięki temu procesowi opanowywania strachu mogą rozwinąć odporność i determinację potrzebne do pokonania przeszkód i osiągnięcia swoich celów. Mogą również rozwinąć większe poczucie samoświadomości i pewności siebie, co może pomóc im w radzeniu sobie z przyszłymi wyzwaniami i poszukiwaniu nowych możliwości. W tym przykładzie cytat przypomina nam, że sukces nie polega na byciu nieustraszonym, ale na odwadze i odporności, aby stawić czoła naszym lękom i realizować nasze marzenia pomimo nich. Opanowując nasze lęki, możemy kultywować wewnętrzną siłę i pewność siebie potrzebne do osiągnięcia naszych celów i prowadzenia satysfakcjonującego życia.

"Strach jest zabójcą umysłu." – Frank Herbert

Ten cytat Franka Herberta z jego powieści "Diuna" sugeruje, że strach może być destrukcyjną siłą, która paraliżuje nasze myślenie i hamuje naszą zdolność do działania. Kiedy jesteśmy pochłonięci przez strach, możemy zostać przytłoczeni negatywnymi myślami i emocjami, które mogą zaciemnić nasz osąd i uniemożliwić nam podjęcie niezbędnych kroków, aby osiągnąć nasze cele. Strach może być również samospełniającą się przepowiednią, ponieważ nasze zmartwienia i niepokoje mogą prowadzić nas do działania w sposób, który wzmacnia nasze lęki, zamiast stawić im czoła. Na przykład ktoś, kto boi się porażki, może unikać podejmowania ryzyka lub poszukiwania nowych możliwości, co może ostatecznie uniemożliwić mu osiągnięcie sukcesu. Cytat sugeruje, że ważne jest, aby przezwyciężyć strach, aby osiągnąć nasz pełny potencjał.

Zamiast pozwalać, aby strach kontrolował nasze działania i myśli, powinniśmy pracować nad konfrontacją z nim i przezwyciężeniem go. Może to obejmować rozwijanie poczucia odwagi i odporności, praktykowanie uważności i dbania o siebie, szukanie wsparcia od innych lub podejmowanie stopniowych kroków, aby stawić czoła naszym lękom i stopniowo budować pewność siebie.

Rozpoznając destrukcyjny wpływ strachu na nasze umysły i życie, możemy zacząć podejmować kroki, aby go przezwyciężyć i realizować nasze cele z większą pewnością siebie i jasnością. Jeden z przykładów tego, jak "Strach jest zabójcą umysłu" można zaobserwować w sytuacjach, w których ludzie zostają sparaliżowani przez swoje lęki i nie są w stanie podjąć działania. Na przykład ktoś, kto boi się wystąpień publicznych, może unikać okazji do wygłaszania prezentacji lub przemówień, nawet jeśli byłoby to korzystne dla jego kariery lub rozwoju osobistego. W tym przypadku strach przed wystąpieniami publicznymi staje się barierą dla rozwoju i sukcesu. Uniemożliwia osobie podejmowanie ryzyka, próbowanie nowych rzeczy i poszerzanie strefy komfortu. W rezultacie mogą stracić cenne możliwości uczenia się, rozwoju i osiągania swoich celów. Rozpoznając, że strach jest zabójcą umysłu, możemy pracować nad przezwyciężeniem naszych lęków i rozwinąć odwagę i pewność siebie potrzebne do podjęcia działania. Może to obejmować poszukiwanie wsparcia od przyjaciół lub kolegów, praktykowanie technik uważności lub wizualizacji w celu zmniejszenia lęku lub pracę z terapeutą lub trenerem w celu opracowania strategii radzenia sobie. Ostatecznie, przezwyciężenie naszych lęków wymaga gotowości do stawienia czoła naszym lękom, rzucenia wyzwania negatywnym myślom i przekonaniom oraz zaufania do własnych umiejętności. W ten sposób możemy uwolnić się od ograniczeń strachu i żyć bardziej satysfakcjonującym i znaczącym życiem. Ten rozdział koncentruje się na cytatach związanych z pojęciami odwagi i strachu. Pierwszy cytat Marka Twaina podkreśla, że odwaga nie polega na byciu nieustraszonym, ale na posiadaniu siły i determinacji, aby przeforsować strach i podjąć działania pomimo niego. Drugi cytat Eleanor Roosevelt zachęca nas do wyjścia z naszej strefy komfortu i robienia czegoś każdego dnia, co nas przeraża, aby kultywować odwagę, odporność i rozwój osobisty. Trzeci cytat Arianny Huffington przypomina nam, że sukces nie polega na tym, aby nigdy nie odczuwać strachu, ale raczej na nauce jego opanowania i przezwyciężenia. Wreszcie, cytat Franka Herberta podkreśla ideę, że strach może być paraliżującą siłą, która może uniemożliwić nam podjęcie działań i osiągnięcie naszych celów. Podsumowując, cytaty te przypominają nam o tym, jak ważne jest stawienie czoła naszym lękom, podejmowanie wyzwań i kultywowanie odwagi w naszym codziennym życiu.

ROZDZIAŁ 6: PRZEZWYCIĘŻANI A SMUTKU I PRZYGNĘBIENIA

Życie nie zawsze jest łatwe i nierzadko spotykamy na swojej drodze trudne sytuacje, które sprawiają, że czujemy smutek i przygnębienie. Jednak to, jak sobie z nimi radzimy, może mieć ogromny wpływ na nasze życie i nasze doświadczenia. W tym rozdziale skupimy się na mądrości ludzi, którzy byli w stanie przezwyciężyć smutek i przygnębienie, a ich cytaty mogą pomóc nam w tym samym zadaniu. Odkryjemy, jakie podejście do trudnych sytuacji może przynieść pozytywne zmiany i jakie zachowania mogą nam pomóc w osiągnięciu wewnętrznego spokoju. Przeczytajmy razem te piękne i inspirujące cytaty, które pokazują, że mimo trudności, zawsze jest nadzieja i sposób na wyjście z ciemności. Będziemy poszukiwać sposobów, jak zrobić to, coś zawsze robiliśmy inaczej, aby uzyskać inne, bardziej pozytywne wyniki. Zobaczymy, jak możemy przekształcić smutek w siłę i nadzieję, a przygnębienie w pozytywne działanie. Znajdziemy w tych cytatach inspirację, aby przejść przez trudne chwile, znaleźć spokój i odkryć nowe możliwości. Zacznijmy więc naszą podróż przez te piękne słowa, które zainspirują nas do zmiany naszego podejścia i podejścia do trudnych sytuacji, aby móc cieszyć się życiem w pełni.

"Jeśli zawsze robisz to, co zawsze robiłeś, zawsze będziesz miał to, co zawsze miałeś." - Mark Twain

Ten cytat Marka Twaina ma wiele znaczeń, ale w kontekście przezwyciężania smutku i przygnębienia może odnosić się do konieczności wprowadzania zmian w naszym życiu. Często, kiedy jesteśmy przygnębieni, wpadamy w rutynę i trzymamy się swojego rutynowego sposobu myślenia i działania, co prowadzi do tego, że ciągle mamy te same wyniki i doświadczenia. Aby przezwyciężyć smutek i przygnębienie, musimy być gotowi na zmiany, na eksperymentowanie i podejmowanie nowych wyzwań. Możemy spróbować nowych hobby, poznawać nowych ludzi, podróżować, rozwijać swoje umiejętności i wiele więcej. Dopiero wtedy możemy osiągnąć nowe perspektywy i znaleźć pozytywne sposoby na radzenie sobie z trudnościami.

Dlatego ważne jest, abyśmy nie pozostawali w martwym punkcie i nie trzymali się tylko tego, co znamy. Przyzwyczajenia i rutyna mogą nas zatrzymać w miejscu i utrzymywać nas w smutku i przygnębieniu. Mark Twain nam przypomina, że aby osiągnąć coś nowego, musimy zrobić coś, czego jeszcze nie robiliśmy. Czasami zmiana może być trudna, ale może przynieść ogromne korzyści, jeśli tylko jesteśmy gotowi ją zaakceptować i podjąć ryzyko. Jako ludzie, jesteśmy elastyczni i mamy potencjał do ciągłego rozwoju, więc dlaczego nie skorzystać z tej możliwości i wyruszyć na nową, pozytywną drogę?

Załóżmy, że jesteś przygnębiony, a jednocześnie nie czujesz się zadowolony z pracy, którą wykonujesz. Możesz wprowadzić zmiany, takie jak szukanie nowych możliwości rozwoju zawodowego, zmiana miejsca pracy lub podjęcie dodatkowych szkoleń i kursów. Możesz także spróbować rozwinąć swoje pasje i zainteresowania, które mogą pomóc Ci zyskać nowe perspektywy i uświadomić sobie, co jest dla Ciebie ważne. Na przykład, jeśli interesujesz się fotografią, możesz zacząć poznawać różne techniki fotograficzne, tworzyć własne projekty lub nawet zapisać się na kurs fotografii. W ten sposób wprowadzając zmiany w swoim życiu, będziesz miał szansę na znalezienie nowych inspiracji i pomysłów, co pozwoli Ci na lepsze radzenie sobie ze smutkiem i przygnębieniem.

Może to być także dobre miejsce, by przyjrzeć się swoim dotychczasowym nawykom i przyzwyczajeniom. Często wpadamy w pułapki negatywnych nawyków, takich jak zbyt duża koncentracja na negatywnych myślach czy zaniedbywanie naszych potrzeb fizycznych i emocjonalnych. Może warto spróbować wprowadzić zmiany w naszej codziennej rutynie, które pozwolą nam poczuć się lepiej. Na przykład, możemy zacząć regularnie uprawiać sport, medytować, pisać pamiętnik, spotykać się z przyjaciółmi lub rozpocząć terapię. Ważne jest, abyśmy byli otwarci na to, co działa dla nas najlepiej, i byśmy nie bali się eksperymentować z różnymi sposobami na poprawienie naszego samopoczucia. Przezwyciężanie smutku i przygnębienia wymaga czasu i pracy. Nie zawsze jest łatwe, ale ważne jest, abyśmy nie rezygnowali i byli cierpliwi z samymi sobą. Cytat Marka Twaina przypomina nam, że musimy być gotowi na zmiany, aby osiągnąć nowe wyniki. Jednak ta zmiana może wymagać wysiłku i wysiłek ten może być trudny i wymagający. Nie bójmy się zacząć od małych kroków i skupiać się na postępach, jakie już dokonaliśmy, a nie na tym, co jeszcze mamy do zrobienia. Każdy krok w kierunku pozytywnych zmian jest krokiem we właściwym kierunku.

*"Smutki nas przemieniają,
ale nigdy nie powinniśmy
pozwalać, by nas zniszczyły."
- Jane Austen*

Jane Austen, znana angielska pisarka, uważała, że smutki są częścią naszego życia i są one w stanie nas zmienić. Jednak, jak wskazuje w tym cytacie, nie powinniśmy pozwolić, aby te smutki zniszczyły naszą duszę i pozbawiły nas radości z życia. Istnieją różne sposoby na to, jak radzić sobie ze smutkami, ale ważne jest, aby pamiętać, że każdy z nas jest w stanie przezwyciężyć te trudne chwile. Możemy szukać wsparcia w rodzinie, przyjaciołach lub specjalistach, rozwijać swoje zainteresowania, a także podejmować działania, które przynoszą nam radość i satysfakcję. Kluczem jest akceptacja smutków jako naturalnej części życia oraz zdolność do przystosowania się do zmieniających się okoliczności. W ten sposób możemy stać się silniejszymi i bardziej dojrzałymi osobami, które są w stanie cieszyć się życiem pomimo trudności. Warto również pamiętać, że smutki mogą być ważnym źródłem nauki i doświadczenia. Mogą one pomóc nam zrozumieć, co jest dla nas naprawdę ważne w życiu, jakie wartości kierują naszymi działaniami i jak możemy radzić sobie z przeciwnościami losu. Przeżywanie smutków może także pomóc nam empatycznie spojrzeć na innych ludzi i ich problemy oraz być w stanie oferować im wsparcie w trudnych sytuacjach.

W końcu, ważne jest, aby pamiętać, że każdy z nas ma swoją unikalną drogę życia i sposoby radzenia sobie ze smutkami mogą być różne dla różnych ludzi. Nie ma jednego sposobu na to, jak poradzić sobie z trudnymi chwilami, ale ważne jest, aby zawsze pamiętać, że jesteśmy silni i zdolni do przystosowania się do zmieniających się okoliczności życiowych.

"Znajdź spokój w tym, co Cię otacza, a także w swoim sercu." - Max Ehrmann

Ten cytat Maxa Ehrmanna podkreśla znaczenie znalezienia spokoju i równowagi w życiu. Z jednej strony, mówi nam, aby zwrócić uwagę na to, co nas otacza, i docenić piękno i harmonię, które można znaleźć w naturze, sztuce i innych aspektach naszego życia codziennego. Z drugiej strony, podkreśla, że spokój i równowaga zależą również od nas samych, od tego, jak radzimy sobie z naszymi emocjami, myślami i duchowymi potrzebami. Aby osiągnąć spokój w swoim życiu, warto znaleźć czas na medytację, refleksję i samodzielne zrozumienie swoich potrzeb. Warto pamiętać, że każdy ma swoje własne sposoby na znalezienie spokoju i równowagi w swoim życiu, więc ważne jest, aby znaleźć to, co działa dla nas najlepiej i robić to regularnie. Jednym z sposobów na znalezienie spokoju w swoim sercu może być praktyka wdzięczności i pozytywnego myślenia. Wyznaczanie celów i dążenie do ich osiągnięcia może również przyczynić się do poczucia spokoju i spełnienia w swoim życiu. Wreszcie, szukanie wsparcia od bliskich, przyjaciół lub specjalistów może pomóc w przezwyciężeniu trudności i osiągnięciu spokoju w swoim życiu. Ważne jest, aby nie bać się prosić o pomoc, gdy jej potrzebujemy.

Cytat Maxa Ehrmanna przypomina nam o znaczeniu spokoju i równowagi w naszym życiu, które zależą zarówno od naszych relacji z otoczeniem, jak i od naszej wewnętrznej równowagi emocjonalnej i duchowej. Warto znaleźć czas na refleksję i praktyki duchowe, wyznaczać cele i rozwijać wdzięczność oraz szukać wsparcia od bliskich i specjalistów, gdy tego potrzebujemy. W ten sposób możemy osiągnąć spokój w swoim życiu i cieszyć się każdym dniem w pełni.

Codziennie możemy wyznaczać sobie cele, które chcemy osiągnąć, a następnie skupić się na tym, co już mamy i być wdzięcznym za to. Dzięki temu możemy skupić się na pozytywnych aspektach naszego życia i zwiększyć nasze poczucie szczęścia i spokoju. Ważne jest, aby nie bać się prosić o pomoc, gdy jej potrzebujemy. Warto szukać wsparcia od bliskich lub specjalistów, gdy czujemy się przytłoczeni lub niepewni. Dzięki temu możemy zyskać perspektywę na nasze problemy i zyskać spokój w naszym życiu.

Można również znaleźć spokój i równowagę poprzez sztukę i kreatywność. Malowanie, rzeźbienie, pisanie, taniec - wszystkie te formy sztuki mogą pomóc nam wyrazić nasze emocje i uczucia, a także cieszyć się pięknem wokół nas.

"Czasami musisz przejść przez ciemność, aby dotrzeć do światła." - Albert Einstein

Ten cytat Alberta Einsteina sugeruje, że czasami trzeba przejść przez trudne i mroczne okresy w życiu, aby osiągnąć pozytywne zmiany i wynikające z nich korzyści.

Wyobraź sobie że zmagamy się z poważnymi

problemami zdrowotnymi, może to być bardzo ciężki i mroczny czas. Często jest to walka nie tylko z samą chorobą, ale również z samym sobą, z lękiem, niepewnością i poczuciem bezradności. Często musimy zmagać się z fizycznymi ograniczeniami, chorobą, która wpływa na naszą codzienną aktywność i na nasze relacje z innymi ludźmi. Jednak, jak powiedział Albert Einstein, aby dotrzeć do światła, czasami musimy przejść przez ciemność. To samo dotyczy choroby - kiedy się z nią zmagać, czasami musimy przejść przez trudny okres, aby osiągnąć poprawę i powrót do zdrowia. Podczas leczenia musimy zachować nadzieję i wiarę w to, że stan naszego zdrowia poprawi się, a my osiągniemy pełne zdrowie. Przejście przez trudną chorobę może również pomóc nam zmienić nasze podejście do życia i zobaczyć rzeczy w inny sposób. Może to prowadzić do bardziej uważnego podejścia do swojego zdrowia i samopieki, a także do docenienia małych rzeczy w życiu. Kiedy już osiągniemy poprawę i wrócimy do zdrowia, możemy poczuć się silniejsi i bardziej docenić życie. Przez ciemność, jaką była choroba, doszliśmy do światła, czyli powrotu do zdrowia i lepszego samopoczucia. To doświadczenie może pomóc nam cieszyć się każdą chwilą i dążyć do lepszego zdrowia oraz uważniejszego i bardziej świadomego podejścia do życia. W takim przypadku, przejście przez ciemność może być procesem odkrywania naszych wewnętrznych sił i zdolności, które pomagają nam przetrwać trudne czasy i wyjść z nich na drugą stronę. Może to być również okazją do zacieśnienia relacji z rodziną i przyjaciółmi, którzy nam pomagają i wspierają w trudnych momentach.

Warto również pamiętać, że przejście przez chorobę może dać nam szansę na refleksję nad naszym życiem i wartościami. Często, kiedy mamy do czynienia z chorobą, nasze priorytety ulegają zmianie i zaczynamy bardziej doceniać rzeczy, które wcześniej uważaliśmy za oczywiste. Możemy zacząć skupiać się na rzeczach, które naprawdę są dla nas ważne, takich jak rodzinie, przyjaciele, nasze pasje czy praca.

Wreszcie, przejście przez chorobę może pomóc nam lepiej zrozumieć siebie i swoje potrzeby. Możemy zacząć dostrzegać, jak ważne jest dbanie o swoje zdrowie i samopoczucie, oraz jak wiele możemy osiągnąć, kiedy trzymamy się swoich celów i marzeń. Dzięki temu, że przeszliśmy przez ciemność choroby, możemy zacząć widzieć świat w nowy sposób i cieszyć się każdą chwilą życia, doceniając ją jeszcze bardziej niż przed chorobą.

Kiedy mamy do czynienia ze smutkiem i przygnębieniem, możemy czuć się jak w tunelu bez wyjścia. Ale ważne jest, aby pamiętać, że istnieją sposoby na przezwyciężenie tych trudnych emocji i wyjście na prostą.

Jednym z kluczowych kroków jest zrozumienie i akceptacja swoich emocji.

Często ludzie próbują tłumić swoje uczucia smutku lub przygnębienia, ale to tylko pogarsza sytuację. Ważne jest, aby pozwolić sobie na odczucie tych emocji, a następnie zrobić coś, aby poradzić sobie z nimi w pozytywny sposób.

Możemy porozmawiać z kimś, kto nas wspiera, zapisać swoje myśli w dzienniku lub skorzystać z terapii.

Przezwyciężanie smutku i przygnębienia to proces, który często wymaga czasu i cierpliwości. Jednak, jak powiedział Mark Twain, jeśli zawsze robimy to, co zawsze robiliśmy, zawsze będziemy mieć to, co zawsze mieliśmy. W przypadku smutku i przygnębienia, czasami musimy spróbować czegoś nowego, aby osiągnąć nowe rezultaty. Smutki i trudne doświadczenia życiowe mogą nas zmienić, ale nigdy nie powinniśmy pozwolić, aby nas zniszczyły. Jak powiedziała Jane Austen, smutki

nas przemieniają, ale to od nas zależy, czy przetrwamy te trudne chwile i wyjdziemy z nich na drugą stronę silniejsi. Aby przezwyciężyć smutek i przygnębienie, warto szukać spokoju zarówno w otaczającym nas świecie, jak i w swoim sercu. Jak powiedział Max Ehrmann, warto szukać spokoju w tym, co nas otacza i w swoim wnętrzu.

Ostatecznie, jak powiedział Albert Einstein, czasami musimy przejść przez ciemność, aby dotrzeć do światła. Chociaż przejście przez trudne doświadczenia życiowe może być bolesne, to może prowadzić do pozytywnych zmian i pomóc nam docenić życie i ludzi wokół nas.

Przezwyciężanie smutku i przygnębienia to trudny proces, ale ważne jest, aby pamiętać, że nigdy nie jesteśmy sami. Zawsze warto szukać wsparcia w rodzinie, przyjaciołach i specjalistach, którzy mogą pomóc nam wyjść z trudnej sytuacji i osiągnąć lepsze samopoczucie.

Książka "Słowa, które zmieniają życie: zbiór najlepszych cytatów" jest kompilacją inspirujących cytatów, które obejmują szeroki zakres tematów.

W rozdziale 1 nacisk kładziony jest na sukces, a przedstawione cytaty podkreślają znaczenie ciężkiej pracy, wytrwałości i potrzeby unikania porównywania się z innymi. Rozdział 2 koncentruje się na miłości i związkach, podkreślając znaczenie połączeń, miłości własnej i wzajemnego szacunku. Rozdział 3 dotyczy celów zawodowych i życiowych, z cytatami podkreślającymi znaczenie posiadania planu i ciągłego dążenia do swoich celów. Rozdział 4 koncentruje się na życiu i samorealizacji, a cytaty zachęcają czytelników do przyjęcia doświadczeń życiowych, wzięcia odpowiedzialności za własną wolność i stworzenia szczęścia dla siebie. Rozdział 5 jest o odwadze i strachu. Cytaty tutaj zachęcają czytelników do stawienia czoła swoim lękom, opanowania ich i przyjęcia zmiany jako naturalnej części życia. Wreszcie w rozdziale 6 Cytaty mają na celu zainspirowanie do poszukiwania pozytywnych aspektów życia, nawet w trudnych chwilach. Ogólnie rzecz biorąc, książka ma na celu zainspirowanie czytelników do życia pełnią życia, osiągnięcia swoich celów i przezwyciężenia lęków jak i smutków.

Zachęca czytelników do przyjęcia mocy pozytywnego myślenia i znaczenia bycia obecnym w tej chwili. Książka służy jako cenne źródło inspiracji dla każdego, kto chce dokonać pozytywnych zmian w swoim życiu.

Drodzy Czytelnicy, chciałbym wyrazić szczerą wdzięczność wszystkim za poświęcenie czasu na przeczytanie mojej książki "Słowa, które zmieniają życie: zbiór najlepszych cytatów". Mam nadzieję, że słowa i mądrość zawarte na jego stronach zainspirowały i zmotywowały Cię w Twojej własnej życiowej podróży. Dziękuję za umożliwienie mi podzielenia się moją pasją do cytatów i mocą słów, które zmieniają życie. Wasze wsparcie i zachęta oznaczają dla mnie świat i jestem zaszczycony, że mogłem przyczynić się do waszego osobistego wzrostu i rozwoju.

Mam nadzieję, że nadal będziesz poszukiwać wiedzy i inspiracji i że nigdy nie przestaniesz dążyć do bycia najlepszą wersją siebie. Pamiętaj, że każdy z nas ma moc tworzenia życia pełnego celu, spełnienia i radości. Jeszcze raz dziękuję za przeczytanie i życzę wszystkiego najlepszego w przyszłych przedsięwzięciach.

Pozdrawiam,

Rafał Sołtys